The ABCs of Real Estate

The Beginner's Guide

Maria Burns

Copyright ©2016

This book may not be copied, replicated or distribute under any circumstances without the written consent of the author.

Table of Content

Introduction	5
Part I. Buying your Home	7
Chapter 1. Preparation is Essential	9
Chapter 2. Shop for a Mortgage	11
Chapter 3. Down payment Assistance (Homebuyer Programs)	16
Chapter 4. Finding your Perfect Home	19
Part II. Selling your Home	21
Chapter 1. Finding a Good Listing Agent	24
Chapter 2. Price it Right from the Start	26
Chapter 3. First Impression	29

Part III. Keeping your Home   31

Chapter 1. Temporary Solutions   33

Chapter 2. Refinancing   35

Chapter 3. Loan Modification   37

Chapter 4. Reverse Mortgage   40

Disclaimer   42

Introduction

The ideal of the American dream includes the freedom, and the opportunity for prosperity and success, in which owning a home is a significant component.

Now more than before, we should all know at least the basics of Real Estate. We have been through the ups and downs of the United States economy the housing sub-sector in particular. About 50 years ago, the ownership of a house was considered the best investment anybody could make. Nowadays, everyone is expecting the market to crash again and buying a house may be difficult for some people. However, if you do your homework and hire a knowledgeable Real Estate Agent, your investment may be a good decision and a means to get better investments in the future.

Let's analyze what a good investment is in the first place. A good investment is an investment that will pay you more than what you have paid for it.

I have seen people buy a home because that is what the society expects of them. Buying a home has been ingrained into our consciousness.

However, the societal expectation should not be the sole reason for you to take this step. You should buy a home because you already studied the market, considered the pros and cons and of course this is your dream: to own a home!

Buying real estate is one of the biggest decisions of your life, and you should gather the facts to know what are you getting yourself into before you launch out.

Part I. Buying your Home

Whether you are a newbie or an old hand in the real estate market, and you are thinking of buying your first home, or some other properties, you will need tons of desire and commitment not only to navigate the complicated and time-consuming purchase process but also to learn the responsibility of homeownership.

Buying a home might seem to be an easy task because of the excitement of acquiring your first property, but you have to consider a few things before you take the decision to buy.

Statistics indicates that few homeowners live in the same property for at least five to seven years, which is a good point to consider (the longer you stay, the better). However, if you sell your property within three years after purchase, the chances are that you are not going to break even, unless you bought your property underpriced.

Besides, if you consider the length of time that you are going to live in your new house, it may determine if you have to get pre-qualified for a loan. Also, you will need savings not only for your down payment but also for closing costs.

Most first-time buyers think that buying a home will be a perfect scenario, and everything will work out beautifully. It usually never happens as expected. Unfortunately, first-time buyers will have to battle with the emotional rollercoaster when they finally find "a perfect house," writes the offer and wait. Their offer may be rejected if there are multiple offers on that particular property, and they have to start all over again. In real estate, you never know what to expect, but with your agent by your side and looking out for your best interest, this shouldn't scare you away from your dreams of owning a house.

Chapter 1. Preparation is Essential

The first thing to do before you start looking for your dream home is to make sure this is what you want: to own a home!

An ideal starting point would be to begin preparations two years ahead of the time you want to buy the house. However, if you suddenly realize that buying a house will suit you better than renting same, then start preparing as soon as possible.

Prepare your finances. To guarantee you're financially ready to buy, you will need a good credit record, savings, and verifiable income.

❖ Check your credit score. Getting a mortgage requires a good credit score. This is the perfect time to check your credit report. If your credit score is less than stellar, you can work on it to make it good, and dispute any errors you might find. A quick way to improve your credit score by a few points is to pay down credit card balances and stop using them for two months before you apply for a mortgage. Also, you should avoid applying for credit, example: car loan or a new credit card, until you've closed in on your new home.

- ❖ Savings. You will need to make sure that you have some cash on hand for your down payment and closing costs, which can be between 3.5 and 20 percent of the purchase price, depending on the type of loan that you are qualified to obtain. We will talk later about some programs which can help to cover these expenses.

- ❖ Gather your documents. Finally, you will be required to present supporting documents to verify your finances on the mortgage application: paystubs, W-2's, bank statements and tax returns for the last two years. Also, we advise that you do not switch jobs in the middle of the transaction. Consult with your Loan Officer if you are planning to do so.

I have seen so many cases in which the buyers are self-employed, and the IRS allowed them to make some deductions from their expenses. This is a good practice, but when this type of buyers wants to qualify for a mortgage loan, the Adjusted Gross Income (Income after deductions) is so little such that banks won't lend them money. This is why I stress that it is better to prepare in advance, and please let your Tax professional know about your plans to buy a house as well.

Chapter 2. Shop for a Mortgage

Before you start looking at properties, you should get a Mortgage Pre-approval. It is free and a non-binding process that introduces you to sellers as a serious and qualified buyer. Too often, buyers leave it till the last minute when they have found a home that fits their needs, only to lose it because the seller accepts another offer of an already qualified buyer.

There are fixed rates loans (FRMs) and adjustable rate mortgage loans (ARMs) which are priced very differently. Let's consider the differences between these two types of loans.

- ❖ Fixed Rate Mortgage Loans (FRMs). A fixed rate mortgage loan will have the same interest rate during the life of the loan. Because of this, the amount of your monthly payment will remain the same month after month, for the entire repayment term, even for long-term financing options, such as a thirty- year loan.

❖ Adjustable Rate Mortgage Loans (ARMs). ARM's have an interest rate that will change or adjust from time to time. Typically, the rate will change every year after an initial period of remaining fixed.

The length of a loan can be as long as thirty years or as little as five years. Usually, the longer the term of the loan, the higher the interest rate.

Your credit score, income, and savings will determine the type of Mortgage Loan you qualify for. Also, one may apply for Government Insured Loans and Conventional Loans.

Government insured & Conventional Loans:

❖ FHA Loans. The Federal Housing Administration (FHA) mortgage insurance program is managed by the Department of Housing and Urban Development (HUD), which is a Department of the Federal Government. These Loans are available to all types of borrowers, not just first time buyers. The government insures the lender against losses that may result from the borrower defaulting in paying back the loan. This program allows a potential buyer to make a down payment as low as 3.5% of the purchase price.

❖ VA Loans. The U.S. Department of Veterans Affairs (VA) offers a loan program to military service members and their families. Similar to FHA programs, these types of mortgages are guaranteed by the Federal Government. This means the VA will reimburse the lender for any losses that may result from the borrower defaulting in paying back the loan. The primary advantage of this program is that borrowers can receive 100% financing for the purchase of a home.

- ❖ USDA (RHS Loans). The United States Department of Agriculture offers a loan program for rural borrowers who meet certain income requirements. The program is managed by the Rural Housing Service (RHS) which is part of the Department of Agriculture. These loans are offered to rural residents who have a steady, low, and modest income, and are unable to obtain adequate housing through conventional financing.

- ❖ Conventional Loan. These loans are not insured or guaranteed by the Federal Government in any way.

Another distinction that we need to make regarding loans is the difference between a conforming loan and a jumbo loan.

- ❖ Conforming Loan. A conforming loan is one which meets the underwriting guidelines of Fannie Mae or Freddie Mac, especially when the size of the loan is considered. Fannie and Freddie are the two government-controlled corporations that purchase and sell mortgage-backed securities (MBS). They buy loans from lenders and sell them to investors via Wall Street. A conforming loan would have to fall within their maximum size limits, and also "conforms" to pre-established criteria.

❖ Jumbo Loan. A jumbo loan exceeds the conforming loan's limits established by Fannie Mae and Freddie Mac. This type of loan represents a higher risk for the lender, mainly due to its size. As a result, jumbo borrowers typically must have excellent credit and make larger down payments. When compared to conforming loans, interest rates are usually higher on jumbo loans than on conforming loans.

There is something else you must know. If you put less than twenty percent down, your lender will likely charge you a monthly premium called Private Mortgage Insurance (PMI). The role of the PMI is to protect the bank in the event you default on your loan and the value of your home declines significantly.

Before the crash of the Real Estate Market in 2008, many homeowners were having trouble making their mortgage payment on adjustable rate mortgages (ARMs). Nowadays, the industry is stricter on the qualification for a mortgage. We have described above the differences between types of loans, so beware and pay attention to what kind of loan you receive before you accept it.

Chapter 3. Down Payment Assistance (Homebuyer Programs)

Some homebuyers may have an excellent credit score and a steady income, but they have little savings for a down payment. In this scenario, some programs exist that would assist a first time homebuyer, let's review who is considered a first time buyer?

The Department of Housing and Urban Development (HUD) defines a first-time homebuyer as someone who has never owned a home before. An individual who has not owned a home for least three years is also considered a first-time homebuyer.

There are several assistance programs to help a first-time homebuyer make a down payment or closing cost. Home ownership programs offer a variety of aids to buyers including:

❖ Down payment and closing cost assistance that must be repaid if you sell the property within a certain period, such as within 5 or 10 years after purchase, or when you sell the home.

❖ Down payment grants that do not have to be repaid are also available for everyone including first-time buyers.

❖ Low-interest home loans which may be used to pay for closing cost. Usually, a simple interest will accrue on the loan until the loan is repaid.

These are incredible programs that a lot of people know nothing about. A survey carried out in 2014 (Neighbor Work Housing) reported that 70% of U.S. adults were unaware of down payment assistance programs available for middle-income families.

When buyers come into the market, if they get the wrong lender or agent, they won't know of these programs. Some agents and lenders just like easy and quick transactions, and letting the buyer know about these programs can extend the time wherein the transaction should close. Real estate agents are often assumed to be looking out for their client's best interest. Instead, some of them do not want the customer to tell them that they are not ready to buy the property and that they need to save more.

Ask your lender for these programs and shop around; you may find out that not every lender has these assistance programs in their portfolio.

A good lender and agent will work with you to get you ready to buy your home whenever you are ready. You may not be ready now, but if you follow their advice, you will be soon.

Chapter 4. Finding Your Perfect Home

You have put everything in place, and you are ready to look for your dream house, but realistically you won't find your perfect house. Ideally, you will find the perfect home in the neighborhood you love at the right price for you. Unfortunately, most buyers have to make some compromises.

Once you've determined that the location of the house matters most to you, you may have to compromise on some of your priorities. If the location is the most important factor for the home of your choice but you discover that the homes you have been shown are above your budget, you can compromise in several ways:

Look for a different home type within the community such as a townhome, a twin home or maybe a condo.

Lower your expectations about the condition of the home. Sometimes people prefer a move-in ready home, but you can get a better deal on a home that needs cosmetic repairs. Just be careful and make sure you have some savings to spend on repairs.

If your priority is the house, and you prefer a big house with a large yard or just a newer and move-in ready home, then you will have to compromise on location.

Your real estate agent can help you determine when and how to compromise. You should have an open communication with your agent so that you can be assisted to make an informed decision on your new property.

Part II. Selling Your Home

Selling your home can be emotionally challenging and time -consuming, especially if you don't have experience in real estate. I strongly recommend that you hire an agent. A neutral party (the agent) is not emotionally attached and will be looking at the transaction from a purely financial perspective. Doing so will help you to distance yourself from the emotional aspects of selling the property that created memories for you. With the agent's experience and advice, you will get the best deal and make sure the process goes smoothly.

There are numerous of reasons why someone would want to sell their property:

- ❖ Downsizing. Mature couples may consider selling their home of many years when the kids have left the nest, and the cost to maintain a large residence is deemed to be an unnecessary burden. Some may try to reduce expenses due to a small retirement pension, income from social security or both. In the next chapter, you will find some options to keep your home and reduce or eliminate your mortgage payment.

❖ **Upsizing.** You got married, bought your first house, but now you are planning to raise a family, and you are thinking of a bigger house, better neighborhood with a well-rated school for your children. Once your ideal home is listed, with the help of your agent who will have to coordinate sale and purchase at the same time, an option could be to tell a buyer that you will accept the offer, but that would be contingent on whether you have a home to purchase on a certain date. Some sellers prefer to rent another property if their current property is sold first, though they haven't found another home yet.

❖ **Divorce.** If neither spouse wants to stay in the family home, or if neither can afford to buy out the other, the only option left is to sell the property. Such individuals should consider that they may have to split the proceeds of the sale after paying off the mortgage and all the costs involved in the sale.

❖ **Unaffordable.** Due to a changing life event such as the death of a loved one or losing a steady income which can be a setback for anyone, one may be behind on their mortgage payments until it is too late. In this case, the seller may have two choices only: a Short Sale or a Foreclosure.

In a foreclosure the lender assumes ownership of the property and evicts the borrower after the homeowner has defaulted on their home loan payments. Foreclosure properties may be sold off at an auction or via traditional real estate agents. As for the borrowers, a foreclosure has a greater impact on their credit score.

A short sale is often used as an alternative to foreclosure because it mitigates additional fees and costs for both the creditor and the borrower. The negative impact on the borrower's credit score is typically smaller in a short sale than in a foreclosure, but a short sale involves a lot more paperwork for all parties.

Whatever the reasons may be, be it a short sale or a foreclosure, the two most important tips to ensure a speedy sale are setting the right price from the start and creating a good first impression of your property. These two conditions are essential in attracting buyers and set you up for a quick offer.

Chapter 1. Finding a Good Listing Agent

Before you hire an agent, you may want to pull your loan documents and review how much you still owe on your loan. Knowing your indebtedness upfront will help a realtor know what strategy to adopt. If the amount you owe is more than the market value of the property, then you're underwater. A short sale is different from an equity sale.

Interviewing several agents is a very excellent idea. Ask them, "What will you do to prepare my house for sale?" "What will you highlight about my property?" and "What could be changed before it goes on the market?"

Do not hire an agent on the spot. Give yourself time to check his/her credentials. The Bureau of Real Estate in every State provides you with the opportunity to look up a Licensee. Below is the link to the California Bureau of Real Estate:

http://www2.dre.ca.gov/PublicASP/pplinfo.asp

Ask for a Comparable Market Analysis (CMA) from the agent you have chosen. If the agent already came prepared, ask the agent how old the analysis is and its accuracy as well. A reasonable current market value of your property should result from your questions. In the next section, we will talk more about why a CMA is very crucial.

Also, ask your agent how much it will cost you to sell the property. If you are a first time seller, you must know all the estimated closing cost and commission fees.

One big complaint I've heard in my industry a lot is the issue of non-existing or delayed communication. Choose an agent who will respond quickly to whatever mode of communication you prefer most, be it E-mail, text, phone calls, or Facebook. Making this decision could be the difference between an accepted offer and a missed opportunity. Some busy agents may have an assistant as a point of contact, so make sure you are clear about what you expect from them.

Asking for references of past clients and the years of experience the agent may have is essential. Some newbie agents have mentors who have worked with them from the beginning of their career, teaching them and overseeing their transactions. An honest Agent will let you know if this is the case.

Chapter 2. Price it Right from the Start

Setting the right asking price is critical. Please listen to your agent on this matter for it is one of the main reasons you are using an expert instead of selling the house yourself. Your agent will do a CMA which should include recent sales of properties in your neighborhood and their prices. Sometimes, the seller is too emotionally involved making it hard to think with a clear head regarding setting the price. The real estate market is always fluctuating and what is the best price in summer may not be the best price in winter, but having a real estate agent will help you to price it right.

A seller also may be firm in overpricing the property, but the consequences can be devastating resulting in delaying the sale for months and in some cases, not selling at all.

A good agent will honestly tell you that you are asking for more than what you can reasonably expect. However, there are also agents out there who will tell you exactly what you want to hear. Overpricing a home is a part of their game plan, just to get the listing, only to tell you later that your price should be lowered if you must sell. Why would an agent get your property listed at a higher price knowing that it is not going to sell within an ideal time frame? Well, in the meantime, the agent may be getting buyers by using your house as an advertising vehicle. Some unscrupulous agents just want their signage in your yard as a strategy to advertise in your neighborhood for six months or more.

Do your homework and don't fall for one of these unscrupulous agents. There are a lot of great agents out there.

Pricing the house right from the beginning will increase the chances of selling within an ideal time frame which falls in the first couple of months from when the property was initially listed. Let's say you are lucky enough to get an offer on your overpriced property; the chances are that when the appraisal comes in with a market value lower than the price the buyer is offering, the bank will not give the buyer a loan, this will leave you looking again for possible buyers.

Finding the magic price for your house is very vital. Let's assume the comps show that a good price for your property could be $305,000 have a better chance to appear on searches of people looking for properties in the $250,000 to $300,000. range, it may be a good idea to price the house at $299,000 there is a proven psychology that items priced under a "century number" are more attractive to the buyer. Even when the buyer falls in love with your home, the offer may be slightly higher than the amount it was listed for.

It is proven that if your property is overpriced, you are invariably helping to sell other homes in the neighborhood that are listed for less. After seeing your high priced home, buyers may be eager to get a better-value house nearby, even if they liked your home more than other homes. If your house has been on the market longer than thirty days, buyers will start wondering whether something is wrong with it.

Chapter 3. First Impression

Selling your home isn't easy, especially if you live in a very competitive or saturated market. Fortunately, the first impression always counts. With some improvements, you can increase the appeal for potential buyers. Putting money into some of these upgrades will get the best bang for your buck.

- ❖ Start with the basics. Fix the things that need to be fixed such as minor repairs and repairs that could be a problem when an inspection is ordered. For instance, leaking pipes and broken water heater.

- ❖ De-personalize and De-clutter. Remove family portraits, certificates, trophies and awards .Get the clutter out of the way. Clean the house, and probably remove some of the furniture so that the room will appear bigger. These are very inexpensive actions that will help you to sell faster.

- ❖ Improve your curb appeal. It is critical that your landscaping is well groomed and attractive to potential buyers. This is one of the improvements that will give you

100% (ROI) return on your investment. If you don't have a landscape at all, then a natural rock low water landscape may be a good idea.

- ❖ Focus on the exterior. Making a positive impression on the exterior will attract more buyers. Something as easy as a fresh coat of paint will give your entrance and garage a new look

- ❖ Bigger isn't always better. Less expensive improvements may give you a bigger return than a new remodeled kitchen or bathroom. However, you could still give your kitchen a new fresh look just by replacing the kitchen and bathrooms sink faucets or just a fresh coat of paint.

I can't stress enough that you should t be emotionally prepared. Potential buyers will be visiting your house and to make it easier on you, it would be best if you are not at home when this happens. It could be uncomfortable for you to hear what critics say about your lovely home.

Part III. Keeping your Home

Are you struggling to make your mortgage payments? The thought of the possibility of losing your home can be terrifying. Maybe you're having trouble making ends meet because you or a family member lost a job, or you're having other financial problems due to external causes beyond your control.

There could be several reasons why sometimes we get ourselves into financial disaster. As I mentioned before, one reason could be losing a job, maybe the loss of a loved one, or a mature couple who could be suffering from a chronic disease or very low retirement income.

Regardless of the reason for your economic hardship, there are programs to help you avoid losing your home.

For some people one choice could be filing a Personal Bankruptcy process in court. Filing Chapter 13 may allow you to keep your property which you may otherwise lose. In chapter 13, the court approves a repayment plan that allows you to use your future income toward payment of your debts during a three to five year period, rather than surrender the property. After you have made all the payments under the plan, you will receive a discharge from certain debts. Seek legal advice.

Chapter 1. Temporary Solutions

If you have fallen behind on your payments, you can find a temporary solution with your loan servicer. If your income is reduced temporarily, for example, you are on a disability leave from work, but you expect to go back to your full-time position shortly, the following solutions may help:

- ❖ Reinstatement. You pay the entire past-due amount, plus any late fees or penalties by a date you agree with your loan servicer.

- ❖ Repayment Plan. Your loan servicer offers you a fixed amount of time to repay the amount you are behind by adding a portion of what is past due to your regular payment.

- ❖ Forbearance. Your monthly mortgage payments are suspended or reduced for some time as agreed between your loan servicer and yourself. At the end of the period, you resume making your regular payments as well as a lump sum payment or additional partial payments for a number of months to bring the loan repayments up to date.

You also can find State programs that can help with your situation. In California, some loan servicers are participants in the following:

❖ Unemployment Mortgage Assistance. UMA offers up to $3,000 per month for unemployed homeowners who are collecting or approved to receive unemployment benefits from the State.

❖ Mortgage Reinstatement Assistance Program. MRAP funds up to $54,000 to help qualified homeowners catch up on their mortgage payments.

❖ Principal Reduction Program. PRP offers financial assistance to eligible homeowners who have suffered financial hardship and owe more than their home is worth and/or have an unaffordable payment plan to help them pay the principal balance on their home.

In the following chapters, we will explore more options to avoid the possibility of a short sale and Deed in Lieu of foreclosure on your home.

Chapter 2. Refinancing

Refinancing means obtaining a new mortgage to replace the original mortgage which allows a borrower to obtain a better interest term and rate. The first loan has to be paid off, allowing the second loan to be created.

For borrowers with a perfect credit history, refinancing can be a good way to lower monthly mortgage payments because getting a lower interest rate can have a profound effect on monthly payments, potentially saving you hundreds of dollars a year.

Many people refinance their mortgage agreement so that they could obtain money for large purchases such as cars or to reduce credit card debt. How they do it is by refinancing for the purpose of taking equity out of the home. A home equity line of credit is calculated as follows. First, the home is appraised, then the lender determines how much of the percentage of the appraisal they are willing to loan, and finally the balance owed on the original mortgage is subtracted. After that money is issued to pay off the original mortgage, the remaining amount is loaned to the homeowner.

In an ideal world, before you default on your mortgage payment though you have a good credit score, you could refinance to accomplish all of the following:

- To consolidate other debts into one loan;
- To reduce the monthly repayment amount;
- To get a fixed rate.

If this scenario is not yours, there are other options. Let's discuss Loan Modification in the next chapter.

Chapter 3. Loan modification

What is Loan Modification? Loan Modification is an agreement between you and your mortgage company to change the original terms of your mortgage, such as payment amount, length of the loan, interest rate, etc. In most cases, when your mortgage is modified, you can reduce your monthly payment to a more affordable amount.

A modification may be an option for you if:

- You are ineligible to refinance;
- You are facing a long-term hardship;
- You are several months behind on your mortgage payments.

❖ Home Affordable Modification Program. HAMP is designed specifically to help homeowners impacted by financial hardship. The goal of a HAMP modification is to reduce your monthly payment to 31% of your gross (pre-tax) monthly income. If you are eligible, the modification permanently changes the original terms of your mortgage. HAMP requires a trial period in which the borrower must make payments for three months under the trial period to make the modification permanent. Your loan has to be owned by Fannie Mae or Freddie Mac or serviced by a participating mortgage company before you can qualify for HAMP.

❖ Home Affordable Refinance Program. HARP was created by the U.S. Federal Government to assist homeowners who are current on payments on their mortgage, but who are unable to refinance their loan due to a decrease in the property value leaving them "underwater."

❖ Home Affordable Foreclosure Alternatives. HAFA was created to help homeowners who can't afford the mortgage payment, but wish to avoid the negative effects which a foreclosure proceeding can have. HAFA offers the homeowner, their mortgage servicers and investors an incentive for completing a short sale or Deed in Lieu of Foreclosure with HAFA. Homeowners are given options to help them leave their home and transition into more affordable housing while alleviating the mortgage debt they owe. Unlike conventional short sales, an HAFA short sale will completely release you from your mortgage debt after the property is sold; also the impact on your credit score is not as bad as it could have been if the property was sold under the conventional short sale or foreclosure. Additionally, it provides up to $3,000 relocation assistance for those who qualify at the time of closing.

As part of the eligibility requirement for some of these programs, your loan servicer must be a participant. Take care in reviewing the terms of the modification before you sign. There is also a loan principal deferral program which lowers the monthly payment by deferring part of the principal. The deferred amount will be due when the loan matures, or when the loan is refinanced, or when the property is sold.

Chapter 4. Reverse Mortgage

If you are 62 years or older and would like to pay off your mortgage, or supplement your income, or pay for healthcare expenses, or buy a smaller home, a Reverse Mortgage may work for you.

The Home Equity Conversion Mortgage, also known as Reverse Mortgage was created in 1989 to help older homeowners meet the financial demands of retirement and aging. It is a mortgage loan based on the value of your house v, the youngest borrower's age, and the current interest rate. What makes a Reverse Mortgage so unique is that it requires no monthly mortgage payments thus giving you access to funds without any financial burden during your retirement years. You retain ownership of your home as long as you meet the basic requirements of the loan.

The loan is repaid when:

- ❖ You or the last surviving borrower (or the non-borrower spouse) passes away.

- ❖ The home is not longer the principal residence of at least one of the borrowers.

- ❖ An absence by both borrowers for a period longer than 12 months.

- ❖ The borrower fails to pay property taxes and homeowner insurance.

- ❖ The property is not maintained and deteriorates to a condition deemed unreasonable by HUD.

- ❖ Through the sale of the property or refinance by your heirs.

Most Reverse Mortgages agreements have a clause called the "nonrecourse" clause. The effect of this clause is that neither you, nor your estate, can owe more than the value of your home when the loan becomes due, and when the home is sold. However, if you or your heirs want to pay off the loan and keep the home rather than sell it, you would not have to pay more than the appraised value of the home.

Also, there are other financial programs that you can use in conjunction with a Reverse Mortgage that will pay for the loan at the time your heirs take possession of the property.

As you can see, there are alternatives to keep your home. Be informed and make the best decision to meet your needs.

Disclaimer

Information contained in this book is deemed reliable but not guaranteed. The material in this book has been prepared for general informational purposes, and should not be construed as legal advice or a substitute for legal counsel. The author assumes no responsibility for the accuracy or timeliness of any information provided herein, or by any linked site or publication. Because information changes rapidly and legal principles continue to evolve, you should not rely completely upon any information in this book as a source of legal advice. Instead, you should seek the advice of competent professionals and legal counsel.

Maria Burns
Real Estate Agent
Allison James Estate & Homes
CA BRE 01952419
760.407.6914
mariaburnsre@gmail.com

El ABC de Bienes Raíces

Guía Sencilla de Bienes Raíces para Principiantes

Maria Burns

Copyright ©2016

Todos los derechos reservados

Este libro no deberá ser copiado, reproducido y distribuido bajo ninguna circunstancia sin el consentimiento escrito del Autor.

INDICE

Introducción — 48

Parte I. Comprando tu casa — 50

Capítulo 1. La preparación es esencial — 52

Capítulo 2. Busca una compañía hipotecaria — 55

Capítulo 3. Programas de asistencia para primeros compradores — 60

Capítulo 4. Buscando la casa perfecta para ti — 63

Parte II. Vendiendo tú Casa — 65

Capítulo 1. Encuentra un buen agente de bienes raíces — 69

Capítulo 2. Estipula el precio correcto desde el principio — 72

Capítulo 3. La primera impresión siempre cuenta — 75

Parte III. No pierdas tu Hogar				77

Capítulo 1. Soluciones temporales		79

Capítulo 2. Modificación de préstamos hipotecarios		82

Capítulo 3. Hipoteca opuesta		87

Información legal		90

Introducción

El ideal del sueño Americano incluye la libertad y la oportunidad de lograr el éxito y la prosperidad, dentro del cual ser propietario de tu propia casa juega un papel esencial.

Ahora más que nunca, todos deberíamos de aprender los conceptos básicos del mundo de los Bienes y Raíces, muchos de nosotros ya pasamos por las altas y bajas de la economía de Estados Unidos y los cambios en la vivienda en este país.

Hace apenas unos 50 años, invertir en la compra de una casa era considerada la mejor inversión que cualquiera podía hacer, en la época actual todos estamos esperando que el mercado de Bienes Raíces vuelva a derrumbarse, como es de esperarse, la sola idea de comprar una casa puede ser muy estresante para algunas personas, pero si te informas y educas en la materia y además contratas a un Agente experto en Bienes Raíces, tu inversión podría ser una excelente decisión y un vehículo para obtener una mejor inversión en el futuro.

Analicemos en primer lugar que es considerada una buena inversión; una buena inversión es algo que te pagara una remuneración mayor a la que invertiste en el inicio.

Aunque los tiempos han cambiado y ahora los milenios (la gente joven) no tiene la misma idea que se tenía años atrás, aun así he visto casos de personas que compran una casa porque es lo que la sociedad dicta y lo que se espera de un individuo exitoso, pero esta no debería ser la razón por la cual alguien desea comprar, sino porque ya estudiaste el mercado, has considerado los pros y los contras y por supuesto porque es tu sueño: ser el dueño de tu propio hogar.

La compra de una casa es una de las mayores y más importantes decisiones en tu vida, investiga, infórmate y sal a buscar la casa de tus sueños.

Parte I. La compra de tu casa

Especialmente si no tienes experiencia en el mercado de bienes raíces y estás pensando en comprar tu primera casa, necesitaras muchos deseos de lograr tu sueño y un alto nivel de compromiso, no solo para navegar por el tan complicado proceso de compra, sino también para aprender las responsabilidades que van de la mano con ser propietario de casa.

Comprar una casa puede parecer fácil, por la emoción de adquirir tu primera propiedad, pero tienes que considerar unos cuantos detalles antes de tomar la decisión final.

Estadísticamente las personas permanecen en la misma vivienda por un periodo de cinco a siete años, lo que es aconsejable, entre más largo el tiempo, mucho mejor, algo que tienes que considerar con anterioridad es que si vendes en tres años lo más probable es que ni siquiera recuperes tu inversión original, al menos que hayas comprado la propiedad a un precio más bajo que el valor de la casa en el mercado en el momento de compra.

Además de considerar el tiempo que vas a vivir en tu primera propiedad, el siguiente punto es obtener una precalificación y también necesitaras algunos ahorros que te ayudaran a cubrir los costos de cierre y el enganche.

La mayoría de los compradores piensan que encontrar la casa y el proceso de compra será perfecto y todo funcionara de maravilla, desafortunadamente nunca sucede de esta manera, probablemente tendrás que batallar con los nervios y la emoción, cuando finalmente encuentras "la casa perfecta" se somete la oferta y entonces viene la espera para ser aceptada, con la posibilidad de que tu oferta sea rechazada por las múltiples ofertas que podría haber en esa propiedad en particular, lo que nos lleva a empezar nuevamente, este escenario es solo uno de los muchos que pueden suceder, en Bienes Raíces nunca se sabe que puede pasar, pero con un agente a tu lado y cuidando de tus intereses, esto no tiene por qué alejarte de la idea de ser el dueño de tu primera casa

Capítulo 1. La preparación es esencial

El primer paso para empezar la búsqueda de la casa de tus sueños es tener la seguridad de que en realidad eso es lo que deseas: Ser el dueño de tu propio hogar.

El escenario ideal sería prepararse al menos dos años con anterioridad, pero si te das cuenta que comprar es una mejor opción para ti que continuar rentando y deseas empezar a buscar tu futuro hogar ahora mismo, entonces necesitas empezar con la preparación lo antes posible.

Prepara tus finanzas. Para garantizar que estás listo financieramente para comprar, necesitaras un buen puntaje de crédito, ahorros y el ingreso que confirmen que puedes hacer los pagos de la hipoteca.

❖ Revisa tu crédito. Obtener una hipoteca requiere un buen puntaje de crédito, esta es la oportunidad perfecta para revisar el reporte de crédito y si este no es favorable podrás invertir tiempo en mejorarlo y pedir una corrección a los buros de crédito en caso de que encuentres algún error. Una forma rápida de mejorar tu puntaje es pagando algunas tarjetas de crédito y no usarlas al menos por los últimos dos meses antes de aplicar por un préstamo hipotecario, y Evita aplicar por nuevos créditos, como por ejemplo: préstamo para auto o una nueva línea de crédito, hasta cerrar la transacción en tu nuevo hogar.

- ❖ Ahorros. Asegúrate que tienes ahorros suficientes para el enganche y los costos de cierre, los cuales pueden ser entre 3.5% y 20% del total del precio de compra en dependencia del tipo de préstamo para el cual califiques (Hablaremos más adelante acerca de algunos programas que pueden ayudar a cubrir algunos de estos gastos).

- ❖ Recolecta la documentación. Finalmente, se te pedirán los documentos que verifiquen tus finanzas para la aplicación de la hipoteca: Talones de cheques, W-2, Estados de cuenta bancarios y los reportes de los últimos dos años de impuestos. Durante la transacción trata de no cambiar de empleo, consulta con tu agente de préstamos si estas planeando hacerlo.

En algunos casos cuando las personas trabajan por cuenta propia, se pueden deducir muchos gastos que son permitidos por la ley del Departamento de Servicios de Rentas Internas (IRS), lo que es considerada una práctica excelente porque es permitido por el IRS para reducir el impuesto a pagar, pero cuando las personas necesitan calificar para un préstamo de casa, el ingreso bruto ajustado (Ingresos después de deducciones) es tan mínimo que los bancos se niegan a aprobar el préstamo, porque no hay ingreso suficiente para comprobar que se realizaran los pagos hipotecarios, por eso es muy importante la preparación con tiempo, infórmale a tu preparador de impuestos si tienes planes de comprar casa a futuro.

Capítulo 2. Busca una compañía hipotecaria

Antes de buscar propiedades deberías empezar por obtener la pre-aprobación del préstamo hipotecario, es completamente gratis y es una proceso no-obligatorio que te presenta ante el vendedor de una propiedad, como un comprador serio y calificado, en muchas ocasiones las personas lo dejan para último momento, encuentran la propiedad que les gusta y se ajusta a sus necesidades, solo para perderla porque el vendedor acepta una oferta de un comprador calificado previamente.

Existen tasas fijas y tasas ajustables, conocidas también como ARMs a continuación veremos las diferencias entre ellas.

- ❖ Préstamos hipotecarios de tasa fija. Un préstamo con tasa fija mantendrá la misma tasa de interés por la vida del préstamo, de acuerdo a esto, la cantidad de tus pagos mensuales será la misma por la duración total de la hipoteca, aun por los préstamos a largo plazo, como son los de 30 años.

❖ Préstamos hipotecarios de tasa ajustable. Los ARMs tienen una tasa de interés que cambiara o se ajustara en determinado tiempo. Típicamente la tasa cambia después de un periodo de tiempo fijo estipulado cuando se origina el préstamo y se ajusta cada año después de este primer periodo.

La vida de un préstamo o el periodo de pago de una hipoteca puede ser tan largo como 30 años o tan corto como 5 años (Regularmente las tasas de interés son más altas si el periodo de repago es más largo)

Tu puntaje de crédito, ingresos, ahorros y los planes que tengas para la futura propiedad determinaran que tipo de préstamo hipotecario será el que se ajuste a tus necesidades, también existen Préstamos asegurados por el Gobierno y prestamos convencionales, ¿Cuales son y cómo funcionan?

Prestamos Asegurados por el Gobierno y Préstamos Convencionales:

❖ Prestamos FHA. La Administración Federal de Vivienda (FHA) Programa de Seguro Hipotecario es manejado por el Departamento de Vivienda y Desarrollo Urbano (HUD), el cual es una dependencia del Gobierno Federal. En todos estos préstamos, no solo los que se otorgan a primeros compradores, el gobierno asegura al prestamista contra perdidas que pudieran ocurrir por el incumplimiento del prestatario, este programa permite comprar bienes raíces con un enganche pequeño, 3.5% del precio de compra.

❖ Prestamos VA. El Departamento de Asuntos de Veteranos de EE.UU. (VA) ofrece un programa de préstamos a miembros del servicio militar, muy similar a los programas FHA, este tipo de préstamos también están garantizados por el Gobierno Federal. Lo que quiere decir que el Departamento de Veteranos reembolsara al prestamista por cualquier perdida si el prestatario incumple con su obligación, la principal ventaja del programa VA es que el prestatario recibe financiamiento por el 100% del precio de compra.

❖ USDA (Prestamos RHS). El Departamento de Agricultura de los Estados Unidos ofrece un programa para prestatarios Rurales que tienen que llenar ciertos requerimientos. El programa es dirigido por el Servicio de Vivienda Rural (RHS) el cual es parte a su vez del Departamento de Agricultura. Estos programas se ofrecen a residentes de áreas Rurales quienes poseen un ingreso modesto o bajo y no tienen las posibilidades de obtener vivienda adecuada para ellos a través de un préstamo convencional.

- ❖ Préstamo Convencional. Estos préstamos no están asegurados o garantizados por el Gobierno Federal.

Otra distinción que explicaremos referente a prestamos son los prestamos conforme (Conforming Loans) y los prestamos jumbo (Jumbo Loans).

- ❖ Préstamo Conforme. Este es un préstamo que sigue las directrices de suscripción de Fannie Mae y Freddie Mac. Fannie Mae y Freddie Mac son dos corporaciones controladas por el Gobierno que compran y venden Valores respaldados por hipotecas (MBS), ellos compran préstamos a los bancos y los venden a inversionistas a través de la bolsa de valores (Wall Street). Un préstamo conforme cae dentro los límites de tamaño máximo y se "conforma" a los criterios pre-establecidos.

- ❖ Préstamo Jumbo. Estos exceden los límites de los préstamos conformes establecidos por Fannie Mae y Freddie Mac. Estos tipos de préstamos representan un riesgo mayor para el prestamista, principalmente por el tamaño del préstamo. Por esta razón el prestatario debe tener un crédito excelente y el enganche es más grande, comparados con los prestamos conformes, los prestamos jumbo tienes tasas de interés más altas.

Hay algo más que debes tener presente, si el enganche que está en tu presupuesto es menor del 20% del valor de compra, tu prestamista agregara a tu pago mensual el seguro hipotecario privado (PMI), este seguro protege al banco cuando el prestatario incumple con los pagos y/o el valor de la propiedad disminuye considerablemente.

Antes que el Mercado de Bienes Raíces se desplomara en el año 2008, muchos de los dueños de casa empezaban a tener problemas pagando la hipoteca porque tenían prestamos de tasa ajustable (ARMs), hoy en día la industria es más estricta para calificar para un préstamo hipotecario, acabamos de describir las diferencias generales entre los diferentes tipos de préstamo, si estas solicitando un préstamo, pide a tu agente prestamista que te explique para cual préstamo fuiste aprobado, infórmate y no firmes nada que no entiendas.

Fannie Mae tiene en línea un Glosario de los términos de la industria en inglés y español, búscalo en internet:

https://gogsf.com/wp-content/uploads/2012/08/fannieMaeEnglishSpanishGlossary.pdf

Capítulo 3. Programas de asistencia para primeros compradores

Algunas personas interesadas en la compra de una vivienda pudieran tener un crédito excelente y un ingreso estable, pero talvez no tengan ahorros suficientes para el enganche y los costos de cierre, existen en el mercado algunos programas que ayudan a las personas interesadas en comprar casa por primera vez, pero ¿Quien es considerado un primer comprador?

El Departamento de Vivienda y Desarrollo Urbano (HUD) define a un primer comprador como alguien que nunca ha sido propietario de una casa o a un individuo que no ha sido propietario por los últimos 3 años.

Existen un sinnúmero de programas de asistencia que ayudan con los pagos del enganche y/o los costos de cierre, los programas de propiedad de vivienda ofrecen una variedad de asistencia o los compradores incluyendo:

❖ Asistencia para pagar el enganche y costos de cierre, este préstamo deberá ser pagado si la propiedad es vendida antes de cierto periodo de tiempo, por ejemplo 5 o 10 años o simplemente cuando se vende la casa.

- ❖ El subsidio para el enganche no requiere pago, es un programa de ayuda para todas las personas que califican para este subsidio del Gobierno, no solo para primeros compradores.

- ❖ Prestamos con tasa de interés muy baja. Estos pueden ser usados para cubrir los gastos de cierre, típicamente es interés simple que se va acumulando hasta que el préstamo es liquidado.

Estos programas de asistencia no son muy conocidos y existen muchas personas que no saben de ellos, una encuesta en el 2014 por la organización "Neighbor Work Housing" reporto que el 70% de los adultos en Estados Unidos desconocían los programas de asistencia disponibles para familias de ingresos medios.

Cuando un comprador entra al mercado de Bienes Raíces, si tiene la mala fortuna de contratar al prestamista y agente equivocado, lo más probable es que no tendrá conocimiento de estos programas, algunos profesionistas de Bienes Raíces prefieren una transacción fácil y rápida, estos programas de asistencia toman un poco más de tiempo y papeleo para cerrar una transacción.

Como agentes de Bienes Raíces tenemos que cuidar los intereses de nuestros clientes y lo que es mejor para ellos, pero en lugar de eso, algunos solo le notifican al cliente que no califica en estos momentos porque no tienen ahorros suficientes.

Pide más información a tu agente de préstamos hipotecarios y consulta con otros agentes, probablemente te des cuenta que muchos de ellos no trabajan con estos programas de asistencia.

Un buen prestamista y un buen agente de Bienes Raíces te ayudaran a poner todo en orden y prepararte para comprar en el futuro si es que no estás listo ahora, sigue sus consejos y en un corto tiempo podrás lograr tu sueño de ser el propietario de tu propio hogar.

Capítulo 4. Buscando la casa perfecta para ti

Ya tienes todo en orden, estás listo para empezar a buscar la casa de tus sueños, pero lamento decirte que realísticamente nunca vas a encontrar la casa perfecta. Idealmente todos esperan encontrar la casa exacta a como la quieren, en el vecindario que les fascina, al precio perfecto para ellos, desafortunadamente, la mayoría de los compradores tienen que sacrificar algunos detalles de lo que ellos consideran la casa ideal.

Una vez que determines que es lo más importante para ti, ya sea la locación o la casa en sí, entonces podrás poner en orden tus prioridades y elegir cuales son aquellas, de las que no puedes prescindir. Si la locación es un factor importante, pero en el área solo encuentras casas con un valor arriba de tu presupuesto, entonces puedes prescindir de algunos detalles como seria, buscar un tipo de propiedad diferente a la que tenías en mente, como por ejemplo: una casa gemela (twinhome) o un condominio que este ubicado dentro de la comunidad que te gusta.

Baja tus expectativas acerca de la condición de la casa, la mayoría de las veces las personas prefieren una casa lista para cambiarse que no necesite reparaciones, pero puedes obtener un mejor precio, si la propiedad necesita reparaciones cosméticas en las que el desembolso no sea muy elevado y que no hagan sufrir a tu bolsillo, hay que tener en consideración que tengas a la mano ahorros extras para estas reparaciones.

Si tu prioridad es la casa, por ejemplo: deseas una casa grande con mucho patio o talvez una casa moderna y lista para cambiarte a ella, entonces tendrás que sacrificar la locación.

Tu agente de Bienes Raíces te ayudara a determinar cuándo y cómo puedes prescindir de algunos detalles de tu lista, una comunicación abierta con él o ella ayudara a que tomes una decisión inteligente en tu nueva propiedad.

Parte II. Vendiendo tú casa

Vender una casa puede significar un desafío y desgaste emocional, especialmente si no posees experiencia en Bienes Raíces, pero si contratas a un agente te evitaras muchos dolores de cabeza, además como parte neutral, no se sentirá envuelto emocionalmente y podrá ver la transacción desde un punto de vista puramente financiero, te podrás distanciar del aspecto emocional de vender la casa que ha creado recuerdos para ti, con la experiencia del agente y sus consejos obtendrás la mejor oferta y él o ella se asegurara de que el proceso se desarrolle sin problemas.

Existen diferentes razones por las cuales alguien quiere vender su propiedad:

- ❖ Necesidad de una propiedad más pequeña. Algunas parejas en edad madura podrían considerar vender su hogar de muchos años debido a que los hijos ya han abandonado el nido y el costo de mantener una propiedad grande puede ser una carga innecesaria. Algunos otros talvez necesiten reducir sus gastos debido a una pensión de retiro muy pequeña, en el siguiente capítulo veremos opciones para no perder tu casa y reducir o eliminar tu pago de la hipoteca.

- ❖ **Necesidad de una propiedad más grande.** Para aquellas personas que empezaron una vida matrimonial y viven en un hogar pequeño, que en un inicio se acomodó a las necesidades de dos personas, pero que ahora están pensando en crecer la familia, por obvias razones necesitaran una casa más grande, quizás en un vecindario mucho mejor con buenas escuelas para los futuros hijos, una vez que tu casa se enliste, necesitaras la ayuda de tu agente para coordinar la venta y la compra de la nueva propiedad, una opción sería notificar al comprador que aceptaras la oferta con la contingencia de que encontraras la casa que compraras antes de cerrar la transacción, algunas personas no tienen ningún problema en rentar si su propiedad se vende antes y ellos no han encontrado la casa que reemplazara a la anterior.

- ❖ **Divorcio.** Si ninguna de las partes desean permanecer en la casa familiar, o ninguno de los dos puede comprar la parte del otro, la única opción es vender, hay que considerar que talvez se tengan que dividir la ganancia después de haber liquidado la hipoteca y los costos envueltos en la transacción.

❖ **Inasequible.** Eventos inesperados tales como la muerte de un ser querido o perder el empleo puede ser devastador y ser un motivo de retraso de los pagos de la hipoteca, en algunas ocasiones, cuando ya es demasiado tarde, el propietario solo tiene dos opciones: Venta corta (short sale) o Juicio hipotecario (foreclosure).

En un juicio Hipotecario el prestamista asume la propiedad del inmueble y desaloja al prestatario después que este ha incumplido con su obligación del pago de la hipoteca. Estas propiedades de Juicio hipotecario son vendidas en subastas o por medio de agentes de Bienes Raíces, para el prestatario estos juicios hipotecarios causan un impacto muy desfavorable en su puntaje de crédito.

Una venta corta es usada más comúnmente como una alternativa a los juicios hipotecarios porque disminuye honorarios y costos para el prestamista y el prestatario. El impacto negativo en el puntaje de crédito del prestatario es mucho menor en una venta corta que en un juicio hipotecario, pero una venta corta implica más papeleo para todos.

Cualesquiera que sean las razones por las que quieres vender, siempre y cuando no se trate de venta corta o juicio hipotecario, los dos consejos más importantes para asegurar una venta rápida son: Establecer el precio correcto desde el inicio y crear una buena impresión de tu propiedad, estos dos son esenciales para atraer compradores y acelerar la venta de la misma.

Capítulo 1. Encuentra un buen agente de Bienes Raíces

Antes que empieces a buscar un agente, quizás sea una buena idea buscar tus documentos de la hipoteca y revisarlos para tener una idea de cuánto se debe todavía en el préstamo. Saber la cantidad pendiente ayudara al agente para establecer la estrategia a tomar en la venta de tu casa, si la cantidad que se debe es mayor al valor del mercado, significa que necesitaras hacer una venta corta, la cual es muy diferente a una venta regular donde la propiedad ya ha ganado plusvalía.

Entrevistar varios agentes es una idea excelente, algunas preguntas que les puedes hacer son: "Que haría para preparar la casa para la venta", "Que realzaría de la propiedad para una venta rápida" y "Que cambios haría antes de listar la casa en el Mercado".

No contrates un agente en el momento de la entrevista, permite un tiempo para revisar sus credenciales, la oficina de Bienes Raíces en cada estado te permite buscar la licencia de todos los agentes, a continuación el enlace de la oficina de Bienes Raíces de California:

http://www2.dre.ca.gov/PublicASP/pplinfo.asp

Pide un Análisis Comparable de Mercado (CMA), si el agente llega preparado con el CMA, pregúntale que tan reciente es el análisis, el comparable debería ser preciso y razonable con el Mercado actual, en la próxima sección hablaremos del porque un CMA es muy importante.

También deberías preguntar cuanto te costara vender tu propiedad, si es la primera vez que vas a vender, es esencial que tengas un estimado de los honorarios y costos de cierre.

La principal queja que he escuchado en la industria es la falta de comunicación o la comunicación tardía, escoger un agente que responda rápido a tus preguntas o dudas, en la forma de tu preferencia, ya sea correo electrónico, mensaje de texto, teléfono o mensaje por Facebook, puede hacer la diferencia entre una oferta aceptada o una oportunidad perdida, algunos agentes muy ocupados trabajan con un asistente como el punto de contacto, asegúrate de discutir esto con el agente desde el principio.

Preguntar por referencias de clientes anteriores y los años de experiencia del agente es importante, pero existen agentes nuevos en la industria que tienen un mentor que los guía en su nueva profesión y supervisa las transacciones, un agente honesto te proveerá esta información si este es el caso.

Capítulo 2. Estipula el precio correcto desde el principio

Estipular el precio correcto es clave, por favor escucha el consejo de tu agente, esta debería de ser una de las principales razones por las que estás trabajando con un agente, en lugar de vender la casa por ti solo, el agente hará un comparable o CMA, Análisis Comparable del Mercado, que incluye las ventas recientes de propiedades en tu vecindario y refleja el precio actual del Mercado, en algunas ocasiones el propietario se siente atado a la casa emocionalmente y se le hace difícil pensar claramente y estipular el precio correcto, el mercado de Bienes Raíces es muy fluctuante y lo que podría ser el mejor precio en verano puede no ser el mejor precio en invierno, pero tu agente te ayudara a escoger un precio razonable y que facilite la venta y te beneficie al mismo tiempo.

El propietario podría mantenerse firme en estipular determinado precio en la propiedad, pero las consecuencias podrían perjudicar la venta, retrasándola por meses y en algunas ocasiones nunca se llega a vender.

Un buen agente será honesto y te hará saber que estas pidiendo más por tu casa de lo que razonablemente puedes esperar. Sin embargo, te encontraras con agentes que te dirán exactamente lo que esperas escuchar, solo quieren que los contrates aunque el precio este arriba del valor del mercado, solo para decirte más tarde que para que se venda van a tener que bajar el precio, pero ¿porque un agente haría eso sabiendo que la casa no se venderá en un tiempo razonable? Bueno, en el entretiempo ellos están usando tu casa como un vehículo de publicidad para obtener compradores para otras propiedades, algunos otros agentes sin integridad solo desean tener su publicidad en tu entrada como manera de promoverse en tu vecindario por 6 meses o más.
Investiga e infórmate y no caigas con estos agentes sin escrúpulos, existen muchos agentes que actúan con honestidad e integridad.

Estipular el precio correcto desde el principio incrementara las posibilidades de vender en un tiempo ideal, el cual puede considerarse los primeros dos meses a partir de que la propiedad se enliste en el Mercado, ahora, vamos a suponer que tu pides más del valor actual y tienes la suerte de que alguien somete una oferta, lo más probable es que cuando se haga el evalúo de la casa, el resultado sea un valor menor al que estabas pidiendo originalmente, el banco no otorgara el préstamo, y al final invariablemente te verás obligado a reducir el precio de compra.

Encontrar el precio mágico es muy importante, por ejemplo el análisis comparable sugiere que un buen precio por tu propiedad podría ser $305,000, para tener mejor oportunidad de aparecer en búsquedas entre $250,000 y 300,000, una Buena idea sería enlistar la casa en $299,000, está comprobado que artículos con precio bajo "el número cien" son más atractivos para los consumidores, aunque talvez cuando el comprador se enamore de tu propiedad podría someter una oferta un poco más elevada al precio en que la propiedad se enlisto.
Está comprobado también que si pides una cantidad mayor al promedio del Mercado, solo estas ayudando a que otras propiedades enlistadas a menor precio en tu vecindario, se vendan antes que la tuya, los compradores se mostraran ansiosos en comprar una casa con mejor valor, aunque les haya gustado más la tuya, además si tu casa permanece en el Mercado por más de 30 días, talvez se empiecen a preguntar si existe algo malo con tu propiedad y por eso no se ha vendido.

Capítulo 3. La primera impresión siempre cuenta

Vender tu casa no es fácil, especialmente si vives en un Mercado saturado y muy competitivo. Afortunadamente la primera impresión siempre cuenta, con algunas mejoras se puede incrementar el atractivo para compradores potenciales. Invertir dinero en algunas mejoras puede devolverte un buen retorno de inversión.

❖ Empieza con lo básico. Arregla las cosas que necesitan ser reparadas, tales como fugas en las tuberías, el calentador de agua descompuesta, o alguna otra que puede causar problemas cuando se realice la inspección.

❖ Despersonaliza y acomoda el desorden. Remueve fotos familiares, certificados, trofeos y premios, pon las cosas en su lugar, limpia la casa y talvez también sea necesario remover algunos de los muebles para que los cuartos den la apariencia de ser más grandes de lo que realmente son, estas acciones sencillas pueden ser la diferencia para una venta rápida.

- ❖ Mejora el atractivo exterior. Es crucial que tu jardín este bien cortado y atractivo para compradores potenciales, esta es uno de las mejoras que te darán 100% retorno de inversión, si tu propiedad no posee jardín o está muy descuidado, entonces un jardín de roca natural y plantas nativas de la zona podría ser una buena idea.

- ❖ Enfócate en la entrada. Crear una impresión positiva en la entrada atraerá más personas interesadas, algo tan sencillo como una capa de pintura fresca le dará a tu casa un Nuevo estilo.

- ❖ Más grande no siempre es mejor. Mejoras que no sean muy costosas te darán un retorno mayor al que obtendrías si remodelas tu cocina o baño, pero aun así le puedes dar un estilo diferente y más moderno si pintas las paredes y reemplazas los grifos de los fregaderos.

No puedo enfatizar lo suficiente que te prepares emocionalmente, las personas interesadas visitaran tu propiedad y para que sea más fácil para ti, lo ideal sería que no estuvieras presente cuando esto suceda, podría ser muy incómodo escuchar criticas acerca de tu adorada casa.

Parte III. No pierdas tu hogar

¿Tienes problemas para hacer los pagos de la hipoteca? La posibilidad de perder tu hogar puede ser amenazante, quizás estas batallando tratando de hacer todos tus pagos porque tu o alguien de tu familia perdió el empleo, o talvez tengas otro tipo de problema financiero que esta fuera de tu control.

Existen muchas razones por las que en ocasiones nos vemos en una situación financiera desastrosa, como mencione anteriormente una razón podría ser recorte en el ingreso familiar, talvez la pérdida de un ser querido, alguna enfermedad crónica o simplemente una pensión de retiro muy pequeña.

Independientemente de la razón de tu dificultad económica, existen programas de ayuda que te ayudaran a evitar la pérdida de tu hogar.

Declarar bancarrota personal (capítulo 13) podría permitirte conservar tu propiedad que de otra manera la perderías. Con el Capítulo 13 la corte aprueba un plan de pagos que te permite utilizar tu ingreso futuro para pagar tus deudas en un periodo de tres a cinco años, en lugar de entregar tu propiedad, una vez que terminas de pagar tus deudas por medio del plan, recibes una liberación de algunas deudas. Busca consejo legal con un abogado de bancarrotas.

Capítulo 1. Soluciones temporales

Si te has retrasado con tus pagos hipotecarios, podrías encontrar una solución temporal con la compañía que sirve tu préstamo, si tu ingreso ha sido reducido temporalmente o si estas incapacitado para trabajar por algún tiempo, pero esperas recuperarte y regresar a tu posición inicial de tiempo completo, existen soluciones que te pueden ayudar:

❖ Reinstalación. Pagas la cantidad debida en su totalidad y además las multas y cargos por pagos atrasados para la fecha que estipulen tú y la compañía hipotecaria.

❖ Plan de Pago. Tu banco o la compañía que sirve tu préstamo te ofrece una cantidad fija a pagar, agregando una porción del pago atrasado en cada pago mensual hasta que te regularices en tus mensualidades y la cantidad debida sea liquidada.

❖ Pagos reducidos o suspendidos. Tus pagos mensuales podrían ser suspendidos o reducidos por un periodo de tiempo al que acuerden el banco y tú. Al final del periodo, volverás a hacer tus pagos regulares al mismo tiempo que un pago con la suma global y/o los pagos parciales retrasados por un número de meses hasta traer la cuenta al corriente.

También puedes encontrar programas del Estado que podrían ayudar en tu situación personal; en California algunas compañías hipotecarias participan en los siguientes programas de asistencia:

❖ Ayuda de desempleo con la hipoteca. También conocida como UMA, este programa ofrece hasta $3,000 por mes para dueños de casa que sufren de desempleo y son aprobados para recibir beneficios de desempleo a través del Estado.

❖ Programa de asistencia para reestablecer la hipoteca. Este programa (MRAP) costea hasta $54,000 para ayudar a dueños de casa calificados para ponerse al día con sus pagos de la hipoteca.

❖ Programa de reducción del principal. PRP ofrece asistencia financiera para ayudar a pagar el saldo de la deuda del principal, este programa es para personas elegibles que están sufriendo una dificultad financiera y deben más de lo que su casa vale actualmente en el mercado y/o tienen un pago inasequible.

En los siguientes capítulos veremos más opciones para evitar la posibilidad de una venta corta y un juicio hipotecario.

Capítulo 2. Refinanciamiento

Un refinanciamiento se obtiene con una nueva hipoteca que reemplaza a la original y permite al prestatario obtener un mejor término y tasa de interés, el primer préstamo es saldado, permitiendo que el Segundo préstamo se origine.

Para prestatarios con una historia de crédito perfecta, un refinanciamiento puede ser una excelente manera de obtener una tasa de interés considerablemente baja y por consiguiente sus pagos mensuales se verán reducidos sustancialmente permitiendo al propietario ahorrar cientos de dólares al año.

Algunas personas obtienen un refinanciamiento para tener flujo de fondos para compras mayores, tales como autos o simplemente para reducir deudas de tarjetas de crédito, un refinanciamiento les permite acceso a la plusvalía que la propiedad ha obtenido hasta el momento.

Una línea de crédito del capital de la casa es calculada de la siguiente manera. Primeramente, se hace un evalúo de la casa, y la compañía determina cuanto porcentaje de ese evalúo va a prestar y finalmente el préstamo original es restado. Después que los fondos se emiten para pagar el préstamo original, la cantidad restante es prestada al dueño de la propiedad.

En un mundo perfecto, antes de retrasarte con los pagos de la hipoteca y con un buen puntaje de crédito, podrías hacer un refinanciamiento para lograr lo siguiente:

- Consolidar otras deudas en un solo préstamo
- Reducir la cantidad en tus pagos mensuales
- Obtener una tasa fija

Si este escenario no es el tuyo, entonces veremos más opciones, como por ejemplo: una modificación de la hipoteca.

Capítulo 3. Modificación de préstamos hipotecarios

¿Qué es una modificación de préstamo? Es un acuerdo entre tú y la compañía hipotecaria para cambiar los términos originales del préstamo, como la cantidad de la mensualidad, duración del préstamo, tasa de interés, etc. En la mayoría de los casos, cuando tu préstamo es modificado, puedes reducir la cantidad que pagas mensualmente a una cantidad más accesible.

Una modificación podría ser una opción para ti:

- Si no eres elegible para un refinanciamiento.
- Si estas enfrentando una dificultad financiera a largo plazo.
- Si te encuentras retrasado en tus pagos por varios meses.

❖ Programa de modificación de vivienda asequible. El programa HAMP esta designado específicamente para ayudar a los propietarios de vivienda afectados por la situación financiera. La meta de HAMP es reducir el pago mensual a 31% de tu ingreso mensual neto (antes de impuestos). Si el propietario es elegible, la modificación cambiara permanentemente los términos de la hipoteca. El programa HAMP exige un periodo de prueba, en el cual el prestatario tiene que hacer los tres primeros pagos bajo este periodo de prueba para que la modificación se vuelva permanente. Para calificar el préstamo tiene que pertenecer a Fannie Mae, Freddie Mac, o la compañía hipotecaria tiene que participar en estos programas.

- ❖ Programa de Refinanciamiento de vivienda asequible. HARP fue creada por el Gobierno Federal en un esfuerzo para asistir propietarios de vivienda que están al corriente con su hipoteca, pero no pueden refinanciar debido a que el valor de la casa en el Mercado se ha devaluado.

- ❖ Alternativas de juicio hipotecario de vivienda asequible. HAFA es un programa que ayuda a los dueños de casa que no pueden pagar su pago de hipoteca mensual, pero desean evitar los efectos negativos de un juicio hipotecario, ofrece al propietario, la compañía hipotecaria y el inversionista un incentivo para realizar la venta corta o el juicio hipotecario a través de HAFA, los propietarios tienen la opción de dejar su hogar y hacer la transición a una vivienda más accesible económicamente, mientras la deuda hipotecaria desaparece, a diferencia de una venta corta y un juicio hipotecario convencional, HAFA te deslinda de la responsabilidad de esa deuda una vez que la venta se cierra, también cabe mencionar que el impacto negativo en tu historial de crédito es mucho menor que si se hace de la forma convencional y además provee hasta $3,000 como asistencia de relocación para aquellos que califican a la hora de cierre.

Para calificar para algunos de estos programas, la compañía que sirve tu hipoteca tiene que ser participante, ten cuidado y revisa los términos antes que firmes cualquier oferta de modificación que hayas recibido, porque existen también prestamos que difieren parte del principal y se tiene que pagar cuando el préstamo madura, hay refinanciamiento o cuando se vende la propiedad y por este motivo los pagos quedan muy bajos.

Capítulo 4. Hipoteca opuesta

Si tienes 62 años de edad o más y te gustaría pagar tu hipoteca completamente, suplementar tu ingreso, pagar por algunos gastos médicos o comprar una casa más pequeña, una hipoteca opuesta (Reverse Mortgage) podría funcionar para ti.

La hipoteca de conversión y plusvalía de la vivienda, también conocida como Hipoteca opuesta fue creada en 1989 para ayudar a propietarios de vivienda a satisfacer las demandas financieras que conllevan el retiro y el envejecimiento. Es un préstamo hipotecario basado en el valor de la propiedad, la edad del prestatario más joven y la tasa de interés actual. Lo que hace esta hipoteca opuesta única en su tipo, es que no demanda un pago mensual, dejando acceso al propietario a un flujo de fondos disponibles para sortear los problemas durante los años de retiro. El propietario retiene la propiedad de su casa siempre y cuando cumpla con los requisitos básicos del préstamo.

El préstamo se paga cuando:

- ❖ Tú o el último sobreviviente prestatario (o no prestatario esposo/a) muere.

- ❖ La casa deja de ser la residencia principal de al menos uno de los prestatarios.

- ❖ Ausencia de ambos prestatarios por un periodo de más de 12 meses.

- ❖ El prestatario deja de pagar los impuestos de la propiedad y el seguro de casa.

- ❖ La propiedad se deteriora por falta de mantenimiento a una condición considerada irrazonable por el departamento de vivienda y desarrollo urbano HUD.

- ❖ A través de la venta o refinanciamiento de la propiedad por los beneficiarios o herederos.

La mayoría de las hipotecas opuestas tienen una clausula llamada "sin recurso". Esto quiere decir que no se pagara más del valor de tu propiedad cuando el préstamo se tenga que liquidar y la casa sea vendida, generalmente tu o tus herederos podrían querer retener la casa en vez de venderla, entonces no tendrán que pagar más del valor del evalúo de la propiedad en ese momento.

Existen también otros programas que se pueden usar en conjunto con una hipoteca opuesta que pagaría el préstamo al tiempo que tus herederos tomen posesión. Infórmate con un asesor financiero.

Como puedes ver existen alternativas para no perder tu hogar, edúcate y toma la mejor decisión para tu caso particular.

Información legal

La información contenida en este libro se considera confiable pero no garantizada. El material ha sido preparado con el propósito de ofrecer información general y no debe ser tomada como un consejo legal o un substituto de consejería. El escritor no asume ninguna responsabilidad por la exactitud o actualidad otorgada en páginas vinculadas a esta publicación o en la publicación en sí. La información cambia constantemente y los principios legales evolucionan, por lo tanto no tome completamente ninguna información en este libro como una fuente de consejo legal, en lugar de esto, debe buscar la consejería de profesionales competentes y consejeros legales.

Maria Burns
Real Estate Agent
Allison James Estate & Homes
CA BRE 01952419
760.407.6914
mariaburnsre@gmail.com

www.ingramcontent.com/pod-product-compliance
Lightning Source LLC
Chambersburg PA
CBHW060405190526
45169CB00002B/768